1883. Décembre
20

TRÈS BEAU

MOBILIER ARTISTIQUE

OBJETS D'ART

BELLES TAPISSERIES

GARNISSANT L'HOTEL DE M. B. 85, RUE JOUFFROY

IMPRIMÉ PAR PILLET ET DU·MOULIN

RUE DES GRANDS-AUGUSTINS, 5, A PARIS.

CATALOGUE

D'UN TRÈS BEAU

MOBILIER ARTISTIQUE

DE STYLE RENAISSANCE
et des époques Louis XV et Louis XVI ;

OBJETS D'ART

Sculptures ; Bronzes d'art ; Étains de Briot ; Faïences anciennes ;
Objets de vitrine ; Fers ouvrés ;

TRÈS BELLES TAPISSERIES

Riches Tentures ; Tapis ;

TABLEAUX ; GRRAVURES DU XVIIIᵉ SIÈCLE.

LE TOUT GARNISSANT L'HOTEL DE M. B.

ET DONT LA VENTE AURA LIEU

HOTEL DROUOT, SALLES Nᵒˢ 8 ET 9

Les Jeudi 20, Vendredi 21 et Samedi 22 Décembre 1883,
à deux heures.

COMMISSAIRE-PRISEUR

Mᵉ PAUL CHEVALLIER, 10, rue de la Grange-Batelière.

EXPERTS

Pour les Objets d'Art.	*Pour les Tableaux et Gravures*
M. CHARLES MANNHEIM,	MM. CH. GEORGE et B. LASQUIN,
7, rue Saint-Georges,	12, rue Laffitte.

Chez lesquels se trouve le présent Catalogue.

EXPOSITION PARTICULIÈRE

RUE JOUFFROY, 85, Les Samedi 15 et Dimanche 16 Décembre 1883.
De midi à cinq heures.

EXPOSITION PUBLIQUE

Hôtel Drouot, salles 8 et 9, Le Mercredi 19 Décembre 1883.
De une heure à cinq heures.

N.-B. — L'hôtel de la rue Jouffroy, 85, est à vendre.

CONDITIONS DE LA VENTE

La vente sera faite au comptant.

Les acquéreurs payeront cinq pour cent en sus des enchères applicables aux frais.

L'exposition mettant le public à même de se rendre compte de l'état des objets, il ne sera admis aucune réclamation une fois l'adjudication prononcée.

ORDRE DES VACATIONS

Le Jeudi 20 Décembre 1883.

Les Gravures et Tableaux.
Miniatures, Faïences, Porcelaines.
Objets de vitrine.

Le Vendredi 21 Décembre 1883.

Les Objets d'art des XVIe et XVIIe siècles.
Sculptures en marbre et en terre cuite.
Bronzes d'art.
Une partie des Meubles anciens.

Le Samedi 22 Décembre 1883.

Les Bronzes d'ameublement.
Meubles d'art anciens et modernes.
Les Tapisseries anciennes.
Les Étoffes anciennes.
Objets mobiliers modernes.
Tapis.

Paris. — Typ. Pillet et Dumoulin, 5, rue des Grands-Augustins

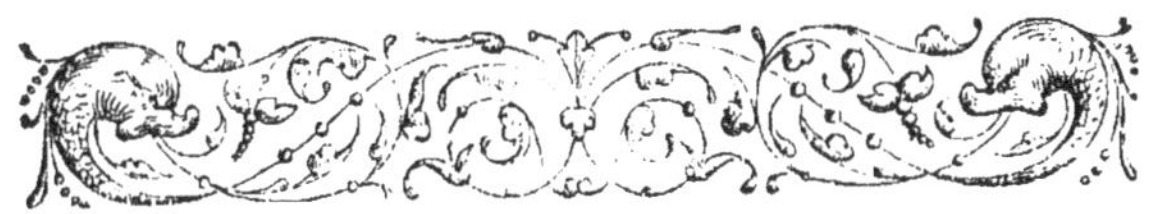

DÉSIGNATION DES OBJETS

VESTIBULE D'ENTRÉE

1 — Banquette cintrée en bois sculpté avec pieds formés de griffes de lion et couverte de cuir de Cordoue, à fleurs et fruits en couleurs sur fond doré.

2 — Beau bandeau en tapisserie des Gobelins du temps de Louis XIV offrant à son centre un écusson surmonté d'une couronne de duc et portant un chiffre soutenu par deux amours ; à droite et à gauche de ce groupe, deux manteaux d'hermine portant deux batons de maréchaux en sautoir. Collection Double.

3 — Deux portières en armure de laine, à fond vert et quadrillages ponce.

4 — Deux cornets en porcelaine du Japon, décorés de fleurs et d'ornements en bleu sur blanc et servant de porte-parapluie.

5 — Deux lions héraldiques assis, en pierre sculptée
et peinte. Chacun d'eux tient un écusson en bois
peint portant les mots *Deo* et *Salve*.

6 — Grand fauteuil en bois sculpté de style Louis XIII
avec panneau représentant le sujet du mauvais
riche. Il est couvert en velours de Gènes à dessin
ponceau sur fond jaune.

7 — Portrait de femme en riche costume blanc du
XVIᵉ siècle. Tableau de l'école française, avec cadre
en bois sculpté à feuilles et doré en partie.

8 — Commode Louis XV à deux rangs de tiroirs en
bois de placage et garnie de chutes à mascarons et
de poignées en bronze ciselé. Dessus de marbre à
moulure.

9 — Statuette en plâtre, imitant la terre cuite, de la
reine Marie Leczinska.

10 — Deux petits vases ovoïdes en faïence hispano-
mauresque à décor à reflets métalliques.

11 — Buste en terre cuite, grandeur nature, d'un
personnage de l'époque de Louis XIV, portant la
perruque à rallonges. Travail du temps.

12 — Deux gaines en marbre rouge du Languedoc.

13 — Petit bahut renaissance en bois de noyer sculpté
à cariatides, mufles de lion et bas-reliefs, figures
dans des paysages.

14 — Jardinière ronde en cuivre rouge battu à godrons.

15 — Médaillon ovale en marbre blanc offrant en bas-
relief le buste de Philippe V, roi d'Espagne. Dans
une large moulure en marbre bleu turquin formant encadrement.

16 — Buste en pierre d'un personnage de l'époque de
Louis XIV portant la perruque à rallonges. Gran·
deur nature.

17 — Bahut renaissance en bois de noyer sculpté à
cariatides, rinceaux et armoiries. Il porte des traces
de dorure.

18 — Jardinière ovale en cuivre rouge battu, décorée
de godrons et à pieds de lion.

19 — Coq debout en bronze. Travail japonais.

SALLE A MANGER

20 — Très beau panneau en ancienne tapisserie des
Gobelins représentant le sujet allégorique de
l'*Air*.

Dans un paysage où sont groupés au premier

plan des paons, cygnes, dindons, cigognes, faisans, coqs, poules, canards et autres volatiles, au milieu desquels un aigle aux ailes éployées, apparaissent sur un nuage poussés par un zéphir, une figure allégorique de femme et un génie ailé ; ce dernier tient un écusson ovale renfermant le chiffre couronné du roi Louis XIV.

Divers oiseaux entourent le nuage et voltigent dans l'air.

Haut. 2 m. 5o. Larg. 4 m. 35.

2 1 — Joli panneau en tapisserie du xviiie siècle représentant un rendez-vous de chasse.

Devant un palais, et en présence d'une société réunie sous un kiosque, deux dames et des seigneurs, précédés d'un piqueur sonnant du cor, s'apprêtent à partir pour la chasse.

La bordure est formée d'un encadrement vieil or enguirlandé de fleurs.

Haut. 2 m. 5o. Larg. environ 4 m.

22 — Grand lambrequin en ancienne tapisserie de Flandre, à riches ornements et fleurs, il est garni d'une frange ancienne en soie rouge.

23 — Lambrequin formé d'un dessus de canapé en tapisserie du temps de Louis XV à sujet d'après Boucher, représentant une foire de village.

24 — Deux dessus de portes formés de fragments de tapisserie ancienne à verdure et figures.

25 — Tapis de table de forme ronde en ancien velours vert orné au centre d'une armoirie en broderie d'argent.

26 — Marbre blanc — Statuette grandeur demi-nature du temps de Louis XIV. Minerve casquée représentée revêtue de la peau du lion, la main gauche appuyée sur une massue et accoudée du bras droit sur un fût de colonne.

27 — Pendule Louis XV et son socle de suspension, plaquée de corne verte, richement garnie de bronze rocaille.

28 — Suspension avec lampe et douze porte-lumières, en cuivre poli à figures et ornements ajourés, dans le goût Louis XIII.

29 — Deux appliques à huit lumières en cuivre poli, ornées chacune d'une figure d'amour.

30 — Deux autres appliques à six lumières, ornées chacune d'une figure de Renommée.

31 — Console Louis XVI en acajou, à pieds cannelés et double tablette d'entre-jambes en marbre brèche, garnies de galeries de cuivre découpé ; les côtés contournés et rentrants ainsi que le bandeau sont ornés de rangs de perles et d'ornements de fleurs

en bronze doré. (Les ornements de bronze ont été
rapportés.)

32 — Console d'encoignure du temps de Louis XVI,
de forme analogue à la précédente et complète-
ment ancienne.

33 — Table servante formant glacière, en acajou, à
pieds contournés du temps de Louis XV. Le dessus
est garni d'une tablette de marbre et renferme
deux seaux à glace. Les pieds sont garnis de deux
tablettes d'entre-jambes.

34 — Tapis de Smyrne, à fleurs et rosaces sur fond
noir.

JARDIN D'HIVER

GALERIE FUMOIR

35 — Plafond de l'escalier formé d'un très beau panneau en ancienne tapisserie de Beauvais, représentant des cartouches accouplés, ornés de fleurs,
de groupes de fruits retenus par un nœud de rubans,
de mascarons et d'oiseaux sur fond noir; il est
garni de deux pentes en étoffe bleue galonnée
de jaune.

36 — Caparaçon formant lambrequin en velours bleu,
décoré d'un écusson armorié en application de soie
jaune. xviie siècle.

37 — Petit miroir italien dans un cadre de forme
monumentale, en bois noir rehaussé d'or, orné de
deux colonnettes d'albâtre et de plaquettes de
lapis et de marbres divers.

38 — Plateau oblong à côtés arrondis, en ancienne
faïence de Moustiers, décor bleu à écusson armorié
au centre.

39 — Petite coupe en ancienne faïence italienne,
décorée d'oiseaux et de fleurs avec Christ en croix
au centre.

40 — Plat ovale, à contours en ancienne faïence de
Moustiers, décor bleu d'après Bérain, à figures de
danseurs, bustes et ornements.

41 — Petit saladier en faïence de Strasbourg à fleurs.

42 — Plat à côtes contournées en vieux saxe décoré
de fleurs.

43 — Plateau rond, sur pied bas, en ancienne faïence
italienne, décor bleu à fleurs.

44 — Plateau de même forme, décoré de grotesques en jaune et vert.

45 — Plateau rond, en ancienne faïence italienne, décoré d'un sujet en bleu, jaune et vert.

46 — Plat rond et creux, en ancienne porcelaine du Japon, décor en bleu, rouge et or, à vase de fleurs au centre.

47 — Plat en ancienne faïence de Delft, décor bleu à fleurs.

48 — Plat siculo-arabe à reflets métalliques mordorés avec rosace en relief, pointillée de bleu.

49 — Plat rond, en porcelaine moderne du Japon, décor bleu.

50 — Un vase à deux anses et une potiche en faïence espagnole à reflets.

51 — Une assiette, en porcelaine tendre de Chantilly, avec écusson couronné, fleurdelisé en bleu.

52 — Assiette en vieux Delft, décor polychrome.

53 — Assiette en ancienne faïence de Rouen, décor polychrome à cartouches quadrillés et guirlandes de fleurs au marli, avec corbeille de fleurs au centre.

54 — Petit plat en faïence à reflets et petite coupe ronde en faïence italienne, décor polychrome.

55 — Trois potiches diverses en Delft, à décor bleu.

56 — Deux autres, à couvercles, à décor polychrome.

57 — Aiguière en faïence italienne.

58 — Deux plats en faïence de Savone, avec écussons au centre.

59 — Deux petits cornets et deux petits vases à deux anses, en faïence de Castel-Durante.

60 — Base d'un épi normand en terre émaillée, orné de quatre têtes en ronde bosse.

61 — Deux bouteilles, en satzuma, décorées de fleurs.

62 — Salière carrée en faïence d'Urbino, décorée de grotesques et offrant quatre coquilles aux angles.

63 — Grand meuble à deux corps, en noyer sculpté de style Henri II ; chacun des deux corps ferme à trois portes sculptées à fleurs, mascarons et ornements et séparées par des pilastres cannelés ; l'entre-deux forme étagère à galerie.

64 — Table Louis XIII en noyer à pieds tords.

65-66 — Deux consoles de style régence, en bois
sculpté à jour et doré. Dessus de marbre vert de
mer.

67 — Meuble à deux corps de style renaissance, en
noyer sculpté, ouvrant à quatre portes, décorées
de mufles de lion en relief, et garni de quatre
tiroirs à moulures et godrons; les angles sont
formés par des pilastres côtelés.

68 — Petit coffre à bois, orné de quatre panneaux
gothiques sculptés.

69 — Cabinet du temps de Louis XIII, en bois d'ébène
sculpté et gravé avec support en bois noir, à quatre
colonnettes torses de face. Il ouvre à deux portes,
offrant chacune un sujet de deux figures sculptées
en bas-relief dans un encadrement de moulures
guillochées.

L'intérieur est garni de douze tiroirs et d'un
vantail renfermant une petite chambre toute décorée en mosaïque de bois, et garnie de petits
tiroirs.

70 — Meuble style Du Cerceau, en noyer sculpté, à
deux corps reliés par des colonnettes détachées et
superposées aux angles. La partie inférieure est
garnie d'un tiroir sculpté à mufle de lion et guir-

landes, supporté par deux petites·colonnettes ; la partie supérieure ouvre à une porte, ornée d'une figure de Cupidon sculptée en bas-relief dans un médaillon ovale ; elle repose sur une tablette formant étagère.

71 — Miroir dans un cadre sculpté à fleurs et fruits.

72 — Petit miroir Louis XIII à bordure octogone garnie d'ornements de cuivre.

73 — Guéridon en marqueterie de bois représentant un vase de fleurs.

74 — Deux petites coupes libatoires à une anse et trois pieds en bronze vert de la Chine, à ornements en relief.

75 — Cafetière en cuivre jaune repoussé, forme conique, à bec orné d'un mascaron et d'une tête de dragon ; poignée en bois sculpté, xviiᵉ siècle.

76 — Aiguière et un bassin en cuivre rouge repoussé, à côtes, fleurs et ornements. Travail italien, xviᵉ siècle.

77 — Vase ovoïde à anse surélevée et goulot en cuivre rouge repoussé, à oiseaux, animaux et feuillages. Italie, xviᵉ siècle.

78 — Groupe en bronze d'après CAIN : Coq et poule dans une vannette.

79 — Levrette en bronze d'après MÈNE.

80 — Figure de Bellone, debout, bronze du XVIIe siècle, sur un support en cuivre découpé.

81 — Deux supports-appliques en bois sculpté et doré offrant une grue becquetant une grappe.

82 — Deux flambeaux Louis XIII, en bois sculpté, à tige formée d'une torsade et pied triangulaire, ornés de têtes de chérubins.

83 — Deux petits vases à large col, deux flambeaux et un brasero en bronze du Japon.

84 — Deux pitongs en bambou sculpté avec socles et couvercles en bois découpé à jour.

85 — Deux supports-appliques en bois sculpté et doré, composés d'ornements rocaille.

86 — Deux groupes en porcelaine de Saxe moderne : le Goût et l'Odorat.

87 — Fontaine en forme de vase en ancien cuivre rouge repoussé.

88 — Plateau à burettes en cuivre repoussé à rinceaux
et argenté. xvııᵉ siècle.

89 — Plat rond du temps de Louis XIII, en cuivre
repoussé, offrant au centre une entrée triomphale.

90 — Pendule Louis XIV et son socle de suspension
en marqueterie de cuivre et d'écaille, ornée de
bronzes et surmontée d'une figure de Renommée.

91 — Figure de femme endormie ; bronze d'une belle
patine brune, reposant sur un lit en bois sculpté
xvıııᵉ siècle.

92 — Buire en émail de Chine, à ornements persans.

93 — Deux landiers en fer forgé surmontés de boules
en cuivre, une barre transversale, une pelle et
une pincette.

94 — Gravures. — *L'irrésolution ou la confidence*,
d'après Trinquesse. — *Le retour trop précipité*,
d'après Lavreince. Deux pièces par Pierron.

95 — Gravures. — *L'Assemblée au salon*, par Deque-
vauviller, d'après Lavreince.

96 — Deux pièces en couleur, par Janinet, le Repas
et la Ronde des moissonneurs.

97 — Tableau. — Paysage avec vaches à l'abreuvoir.

98 — Tableau. — Chasseurs traversant un torrent, par Piéter VAN BREDAEL.

99 — Tableau. — Descente d'Énée, aux Enfers, par SCHALKEN.

100 — Tableau. — Scène de patineurs, manière D'OSTADE.

101 — Dessin par BRION. — La lettre, crayon noir.

102 — Tableau par Louis PRIOU. Bacchante et enfant satyre. Cadre Louis XIV, en chêne sculpté et doré en partie.

103 — Gravure. — *Arrivée de la Reine à l'Hôtel de Ville*, par MOREAU le jeune.

104 — Gravure. — *Le roi boit*, par Poutius, d'après JORDAENS. Cadre Louis XVI, sculpté.

105 — Gravure de l'école anglaise. — *Lucinda*, par Watson, d'après FALCONET.

106 — Gravure. — Représentation dans une salle de spectacle.

107 — Gravure en couleurs. — *Les Cerises*, par Vidal, d'après DAVESNE.

108 — **Dessin.** — Bataille de Sembach, par Charles Russ, 1808. Plume et encre de Chine, avec rehauts de blanc.

109 — **Tableau par P. Leyendeker.** — Pêcheurs dans un torrent.

110 — **Tableau.** — Paysage genre de Corot.

111 — **Gravure sur bois du xvi⁰ siècle.**

112 — **Tableau.** — *Jupiter et Antiope.*

113 — **Gravure.** — *Décoration du sacre de Louis XVI à Reims en 1775*, par Moreau le jeune.

114 — **Gravures.** — *Le festin royal et le bal masqué*, deux pièces, par Moreau le jeune.

115 — **Trois études de paysages** dans des cadres noir et or, école moderne.

116 — **Gravure.** — *Bal du May donné à Versailles pendant le carnaval de 1763*, par Martinet, d'après Slodtz.

117 — **Pièce en couleurs.** — *La Promenade publique*, par Debucourt.

118 — Gravure. — Le grand Dauphin, par Van Schouppen, d'après F. DE TROY. Cadre ancien en chêne sculpté.

119 — Gravure. — Portrait de Mignard, par Schmidt' d'après RIGAUD.

120 — Gravure. — Portrait de Largillière, par CHÉREAU.

121 — Gravures. — Les cerises, par Ponce, d'après BAUDOIN. — Rose et Colas, par Simonet, d'après BAUDOIN. Cadres Louis XVI, en bois sculpté et doré.

122 — Tableau. — Jeune femme dans un intérieur, par PASCUTTI.

123 — Tableau. — Cuirassier en vedette, par WALKER.

123 *bis* — Deux tableaux de fleurs, école moderne.

124 — Deux dessus de portes de forme ovale ; pastorales dans la manière de BOUCHER.

125 — Tableau de l'école moderne. — Intérieur de forêt ; cadre noir.

GRAND SALON

126 — Marbre blanc. — *Soucieuse*. Buste en marbre blanc, grandeur nature, par CARRIER BELLEUSE. Socle piédouche en marbre griotte à tore de laurier, en bronze doré et base en marbre noir.

127 — Deux beaux candélabres à huit lumières ; ils sont composés chacun d'un vase balustre à panse droite, en marbre noir antique et marbre griotte, ornés de culots à palmettes, de tores de lauriers et de rangs de perles en bronze doré, supportant un bouquet de rinceaux de style Louis XVI, en bronze ciselé et doré.

128 — Deux petits flambeaux à tige et base carrée en bronze ciselé et doré à guirlandes de fleurs, rosaces et tore de laurier, de la maison Barbedienne.

129 — Deux jardinières oblongues à contours en porcelaine genre sèvres, décorées chacune de six bouquets de fleurs, dont deux retenus par des nœuds de rubans roses, de deux anses feuillagées et de filets bleus avec rehauts d'or.

130 — Deux beaux chenets en bronze ciselé et doré ; ils sont ornés chacun d'un sphinx ailé à tête de

femme, coiffée de panaches, et supportant un cornet d'où s'échappent des fruits. Ils sont accompagnés d'une galerie en bronze découpé à jour.

131 — Deux girandoles d'applique à cinq lumières en bronze doré à rinceaux et carquois ; elles sont garnies de pendeloques avec boules en cristal.

132 — Lustre à dix-huit lumières de même style que les girandoles qui précèdent.

133 — Cabinet vénitien, entièrement couvert d'incrustations d'ivoire et de nacre à bandes de rosaces dont une partie est exécutée en ivoire teint en vert. Il ouvre à abattant et offre à l'intérieur onze tiroirs et une petite porte également en incrustation, mais ornés d'encadrements d'ivoire gravé. Il est garni aux angles d'écoinçons ajourés en cuivre.

134 — Table à jeu formant table à ouvrage, en acajou à pieds contournés, du temps de Louis XV.

135 — Terre cuite. — Buste de femme coiffée d'un chapeau de paille.

136 — Console Louis XVI supportée par six pieds cannelés, dont quatre de face reliés par un entrejambes, en bois sculpté peint en blanc et doré en partie, offrant sur le bandeau une frise d'enroulement et une guirlande de feuilles de chêne. Dessus de marbre Campan.

137 — Bronze de Barbedienne. — Ariane couchée et
endormie, statue au tiers de nature, sur une base
en marbre noir et socle en bronze.

138 — Deux petites jardinières rondes en émail cloi-
sonné de la Chine, à fleurs en couleurs, sur fond
noir, avec pieds formées de dragons en bronze doré dans le goût chinois.

139 — Table de milieu en bois sculpté et doré, de style
Louis XIV avec dessus de marbre bleu turquin et
de mosaïque de marbres divers. Les pieds sont formés de volutes terminées par des griffes de lion et
reliés par un entrejambes, le bandeau est sculpté à
fleurs et feuillages ajourés et offre deux mascarons
têtes de génies.

140 — Deux jolies causeuses Louis XVI à dossier carré
en bois sculpté à feuilles d'acanthe et rangs de perles.
Elles sont richement garnies d'ancienne dauphine
rose brochée à fleurs et rubans en soie de couleurs.

141 — Deux fauteuils Louis XVI de forme analogue
aux causeuses qui précèdent; ils sont garnis d'ancien satin vert brodé à fleurs en couleurs.

142 — Deux autres fauteuils, de même forme ; ceux-ci
sont garnis de soie ancienne fond rosé à quadrillage
de branches courantes et de fleurettes en rose et
vert.

143 — Canapé Louis XVI accompagnant les trois numéros qui précèdent. Il est garni d'étoffe de soie rouge à bandes satinées alternées ton sur ton.

144 — Ecran Louis XVI cintré du haut et à pieds de biche, en bois sculpté et doré, à rubans enroulés et perlés. La feuille en fine broderie de l'époque représente une corbeille de roses suspendue dans un encadrement de rubans et se détache sur un fond blanc.

145 — Petit lit de repos Louis XVI à six pieds cannelés en bois sculpté et doré ; le dossier droit est orné de deux colonnettes cannelées se terminant par une volute à la partie supérieure. Il est garni d'ancien satin crème brodé au plumetis·à semis de fleurs et papillons.

146 — Joli tabouret Louis XVI, forme X, en bois sculpté et doré à piastres, rubans et rosaces avec dessus garni de velours de Gênes à quadrillages de fleurs en vert sur fond d'or.

147 — Tabouret à X en bois sculpté doré en partie, garni de soie ancienne, brochée à fleurs et lamée d'argent sur fond rose.

148 — Chaise gondole en bois sculpté, peint et doré en partie, garnie d'ancienne dauphine à fleurs en soie de couleurs sur fond blanc.

149 — Deux petits tabourets de pieds, de forme ovale
et de style Louis XVI en bois doré et broderie de
soie.

150 — Très belle garniture de trois fenêtres en étoffe
de soie cramoisie. à bandes satinées alternées ton
sur ton. soutachée d'ornements de velours grenat,
bordés de lisérés jaunes, bordures de franges. Elle
comprend deux longs rideaux d'entre-deux, et
deux autres rideaux formant portières relevés à
l'italienne, le tout relié par un large lambrequin,
avec embrasses, torsades, glands et passementeries
assorties en soie.

151 — Grand tapis de Smyrne, couvrant le salon.

152 — Bonne-grâce garnissant une porte de forme
cintrée, elle est composée d'une draperie de soie
ancienne brochée à fleurs sur fond saumon, bordée
d'une frange de soie, et d'un rideau de soie ancienne, broché de fleurs sur fond lilas relevé à l'italienne.

153 — Coussin long en satin rosé, couvert de broderies orientales à fleurs en soie de couleurs, or et
argent.

154 — Coussin ancien, en broderie au plumetis à bouquet de fleurs.

155 — Petit coussin ancien en satin crème, brodé à
vase de fleurs, avec encadrement de velours mar-
ron.

SALON-GALERIE

156 — Régulateur du temps de Louis XIV, de forme
contournée, en bois noir, garni d'ornements de
bronze doré, mascarons, rosaces, coquilles, chutes,
etc., cadran marquant les mois et les quantièmes.

157 — Meuble crédence, en noyer sculpté à balustres,
encadrement et feuillages. La partie centrale s'ouvrant à abattant, offre un très joli panneau de la fin
du xvi⁰ siècle, sculpté en haut-relief et représentant des amours sur des guirlandes et un cartouche ovale avec figure.

158 — Joli bureau Louis XVI, ouvrant à cylindre, en
bois satiné, marqueté de filets en bois de citron-
nier, le milieu de l'abattant est orné d'un médaillon rond en bois de rose, à corbeille et guirlande de
fleurs en marqueterie de bois finement exécutée.
Il est garni de poignées et d'entrées de serrures en
bronze ciselé et doré, le dessus en brèche d'Alep
est entouré d'une galerie de cuivre.

159 — Chaise à porteurs de la fin du xvii⁰ siècle, re-
couverte de toile peinte en vert dont les panneaux

sont encadrés par des ornements d'or sur fond blanc
et décorés d'une armoirie.

160 — Ecran en tapisserie du xvi⁰ siècle, représentant
un blason entouré de branchages et de deux figures·
d'enfants.

161-162 — Deux très belles tapisseries du xvi⁰ siècle
avec de très riches bordures, l'une représente l'en-
trevue du roi Salomon et de la reine de Saba,
l'autre une bataille de guerriers en costumes ro-
mains; les bordures offrent des médaillons de petites figures alternant avec des fruits et des ornements.

Haut. 3.40. Larg. 3.80.

163 — Caparaçon formant lambrequin en ancienne
tapisserie, représentant un blason armorié.

164 — Deux grands lambrequins en velours rouge
galonnés de jaune et ornés de trois broderies appli-
quées.

165-168 — Quatre tapis longs persans.

169 — Très beau tapis de piano en ancien satin gros
bleu de la Chine, brodé à figures, oiseaux, fleurs
et arbustes.

170-176 — Etoffes diverses anciennes pour dessus de
meubles.

177 — Piano à queue d'Erard en palissandre incrusté
de filets de cuivre, grand modèle.

178 — Figure de saint Georges en pied, sculpture en bois rehaussée de peinture du xvie siècle.

179 — Devant et dos de cuirasse de l'armure de Henri II en galvanoplastie.

180 — Bois sculpté. — Haut-relief sans fond, saint Georges terrassant le dragon. xviie siècle.

181 — Petite table Louis XIII à pieds tournés, reliés par un entre-jambes.

182 — Deux chenets italiens en bronze, surmontés chacun d'une figure de guerrier.

183 — Deux fauteuils Louis XIII en bois de noyer sculpté et tourné, bras à volutes, garnis d'étoffe de soie ancienne, brochée de différents tons.

184 — Deux caqueteuses à dossiers sculptés à figure sous un portique. Style Henri II.

185 — Trois chaises portugaises garnies de cuir gaufré et gravé, et cloutées de cuivre.

186 — Trois blasons armoriés du xviie siècle en bois sculpté.

187 — Quatre grands fauteuils de style Louis XIII en bois de noyer garnis de tapisserie ancienne et cloutés de cuivre.

188 — Tabouret pourvu de deux accoudoirs en noyer garnis de soie ancienne à raies veloutées.

189 — Petit fauteuil Louis XIII en bois de noyer
sculpté et tourné, garni, siège et dossier de velours de Gênes à larges ornements en rouge
sur fond jaune d'or.

190 — Deux fauteuils Louis XV en bois naturel sculpté
garnis, siège et dossier de canne dorée.

191 — Ancienne aiguière orientale et son bassin en
cuivre repoussé et gravé, décorée de rosaces en
émail.

192 — Écuelle Louis XIV à couvercle et à deux
oreilles plates, en étain ; le couvercle orné de
médaillons à sujets de figures, buste et feuillage.

193 — Autre écuelle de même forme ornée d'ara-
besques et d'entrelacs.

194 — Bassin en cuivre repoussé et gravé à godrons
en spirale et rosace au centre entourée d'inscriptions gothiques.

195 — Autre bassin gothique en cuivre doré avec
rosace au fond.

196 — Grand plateau rond en étain de F. BRIOT
offrant sur l'ombilic une figure de la Tempé-
rance, et au fond, une frise circulaire ornée de
quatre médaillons, figures allégoriques des élé-
ments séparées par des cariatides ailées et divers

ornements. Le marli est décoré de huit médaillons allégoriques des Sciences, alternant avec des mascarons, des animaux, des cartouches, etc. Au revers, la médaille de Briot.

197 — Aiguière de forme ovoïde accompagnant le plat qui précède, et d'ornementation analogue.

198 — Chope en étain, de forme conique à couvercle, décorée sur le pourtour de trois figures allégoriques dans des médaillons encadrés de fleurs et d'ornements variés. Anse à cariatide et mascaron. xvie siècle.

199 — Aiguière du xviie siècle en cuivre repoussé à panse côtelée alternée d'imbrications. Le col est formé d'un masque de faune et se relie à la panse par une anse surélevée formée d'une cariatide.

200 — Terre cuite. — Deux bustes de guerriers casqués revêtus d'une cuirasse à l'antique. xviie siècle.

201 — Petit coffret gothique en cuir gravé à inscriptions garni de ferrures cloutées.

202 — Flambeau à tige et pied triangulaire en fer damasquiné, ornementation dans le style du xvie siècle, il repose sur trois petites chimères en bronze.

203 — Coffret oblong à couvercle légèrement bombé
en fer damasquiné d'argent, d'une élégante ornementation composée de médaillons à bustes, de
lambrequins, de vases à flammes et de trophées, il
est garni d'une traverse en fer entièrement damas-
quinée.

204 — Marbre blanc. — Statuette de saint Michel
terrassant le démon. xvie siècle.

205 — Marbre blanc. — Figure de la Charité. xvi^e
siècle.

206 — Bois sculpté. — Deux statuettes : saint Louis
et saint Roch. xviie siècle.

207 — Bois sculpté. — Cavalier à cheval costumé à
l'antique, sculpture peinte rehaussée de dorures.
xvie siècle.

208 — Glace d'entre-deux dans un cadre étroit en
noyer sculpté et surmontée d'un fronton sculpté
et ajouré offrant au centre un chiffre couronné.

209 — Miroir. — Petite glace biseautée dans un cadre
en ébène d'aspect monumental, orné de plaquettes
en lapis et d'ornements rapportés en cuivre doré.

210 — Tableau. — Portrait d'homme revêtu d'une
cuirasse du xvie siècle, et portant l'ordre de la

Toison d'or. Cadre Louis XIII en chêne à moulures guillochées.

211 — Émail de Limoges. — Deux plaques en gri-
saille à rehauts d'or ; portraits de personnages
historiques dans des cadres en bois sculpté. L'un
d'eux porte un écusson armorié et est daté de
1660.

212 — Coffret gothique en fer à couvercle bombé. Il
offre sur ses côtés des motifs d'architecture ogiva-
le formés par plusieurs plaques superposées et
ajourées. Le couvercle est entouré de trois bandes
d'inscriptions découpées à jour et rapportées.
xve siècle.

213 — Coffret en fer du xvie siècle, couvercle
bombé revêtu de plaques ajourées formant des
motifs d'ornementation gothique ; il est garni de
trois bandes transversales auxquelles s'adaptent
les charnières et les cache-entrées ; la face est ornée de deux blasons.

214 — Deux girandoles en bronze à trois lumières te-
nues par une bacchante portée par un faune.

215 — Coffret carré en chêne sculpté à rinceaux avec
têtes de chérubins aux angles ; la face présente un
blason doré en partie. Époque Louis XIII.

216 — Deux petits lions héraldiques en bois sculpté.

217 — Petite pendule Louis XV, en corne verte garnie d'ornements rocaille en bronze doré. Cadran au nom de Adrien Montjoye.

218 — Deux paires de petits flambeaux Régence en bronze doré.

219 — Deux statuettes de femmes assises ayant un bras surélevé; bronzes à patine brune du xvie siècle.

220 — Miroir Louis XIII dans un encadrement découpé, formé de rinceaux, de rosaces et de guirlandes en cuivre, repoussé, argenté et doré en partie, rapportés sur fond d'étoffe.

221 — Tableau. — Portrait d'un chasseur, peinture de l'école allemande dans un cadre en bois sculpté.

222 — Glace carrée dans une bordure en bois noir sculpté à rinceaux, armoiries, fleurs de lis et à moulures guillochées.

223 — Sept appliques à huit branches en cuivre poli, de style flamand.

224 — Deux lampes juives en cuivre disposées pour l'éclairage au gaz.

225 — Tableau. — Portrait de Louis XV jeune, représenté en pied de grandeur naturelle, portant l'armure et appuyé d'une main sur un bâton de commandement; devant lui la couronne et le manteau royal sont placés sur une console dorée. Cette peinture, attribuée à Van Loo, est encadrée d'une très belle bordure ancienne en bois sculpté et doré.

226 — Tableau. — Les acteurs de la Comédie italienne représentés à mi-corps dans un parc. Tableau de l'école de Watteau dans un cadre en bois sculpté à feuilles d'acanthe, perles et angles en saillie.

227 — Tableau. — Portrait d'une dame de la cour représentée à mi-corps tenant une rose. Peinture attribuée à De Troy, dans un cadre ancien en bois sculpté et doré.

OBJETS DE VITRINE

228 — Portrait de femme, miniature à l'huile sur cuivre, de l'école vénitienne fixée sur un panneau d'étoffe dans un cadre Louis XIV en bois sculpté et doré.

229 — Ivoire. — Râpe à tabac finement sculpté à sujet Vertumne et Pomone. xviie siècle.

230 — Petit nécessaire de poche en vernis de Martin, décoré de jeux d'enfants dans le goût de Boucher, accessoires et monture en argent.

231 — Le Christ couronné d'épines, très fine peinture attribuée à Calcar, dans un cadre rond, temps de Louis XIII très finement sculpté et doré.

232 — Tabatière plate en écaille brune ornée sur le couvercle d'une miniature, nymphe et amour.

233 — Deux salières ovales en argent de l'époque Louis XVI, modèle à amours et guirlandes de fruits.

234 — Petite peinture russe représentant la Nativité dans un encadrement en argent.

235 — Etui en vernis de Martin, fond doré à filets bleus.

236 — Autre étui plus grand, à deux compartiments décoré d'oiseaux en blanc sur fond vert.

237 — Etui en fer à rinceaux et branchages Louis XIII.

238 — Un affiquet et deux étuis en bois sculpté. xviiie siècle.

239 — Manche en bois sculpté, groupe de deux divinités marines sur un dauphin. xviie siècle.

240 — Pulvérin en ivoire sculpté à figure en bas-relief.

241 — Groupe japonais en ivoire: l'Oriculiste.

242 — Bague marquise en argent à double chaton l'un couvrant l'autre, ornés chacun d'une miniature. Époque Louis XVI.

243 — Ceinture en soie lamée d'argent avec agrafe en bronze doré du xvie siècle.

244 — Deux plaques de cabinet en fer repoussé et damasquiné d'or et d'argent représentant des divinités sur des chars au milieu de motifs d'architecture ; travail milanais, xvie siècle.

245 — Portrait d'homme en buste, miniature à l'huile sur cuivre, d'une exécution précieuse, dans un cadre circulaire en fer repoussé dans le style du xvie siècle.

246 — Drageoir du temps de Louis XIII en fer ciselé et ajouré à rinceaux feuillagés.

247 — Drageoir de même époque en fer repoussé à trophées d'armes et rinceaux.

248 — Drageoir de forme octogonale en fer repoussé
à côtes en spirales et à ornements en cuivre rapportés.

249 — Deux petites boîtes ovales à couvercle octogo-
nal en fer damasquiné d'argent.

250 — Boîtes rondes en cuivre revêtues d'ornements
en fer découpé, ornées sur le couvercle d'une plaque en cristal de roche, et à l'intérieur d'un petit
émail. Époque Louis XIII.

251 — Pulvérin piriforme aplati en fer damasquiné
d'argent à figures et rinceaux. Époque Louis XIII.

252 — Charmant modèle d'arbalète en fer ouvragé à
canaux et feuilles d'acanthe, d'un travail très soi-
gné. XVIIe siècle.

253 — Briquet formant pistolet en fer, damasquiné d'or
et d'argent, avec couteau et divers accessoires,
pièce curieuse, du XVIIe siècle, à l'usage d'un chasseur.

254 — Porte-mousqueton en fer gravé. Même époque.

255 — Poignée en fer ciselé. Époque Louis XIII.

256 — Petit briquet à rouet en acier et en cuivre
gravé.

257 — Clef Louis XIV en fer ciselé et en partie doré, offrant au centre d'un médaillon ovale : les attributs de l'Amour.

258 — Clef en fer ciselé et découpé à jour. xvie siècle.

259 — Fourche d'arquebuse en fer forgé et découpé à jour à rosaces.

260 — Plaque en bronze Louis XIII représentant un cavalier et provenant d'une poire à poudre.

261 — Deux fragments en cuivre repoussé et découpé à jour. Époque Louis XIII.

262 — Médaille en bronze doré, buste de profil à à droite A· RVZE· M· DEFFIAT· ET· D· LONJVMEAV· SVRT· D· FINANCES.

263 — Médaille en bronze doré ELEONORE D'AUTRICHE et Charles de Lorraine ; avec revers.

264 — Trois médailles en bronze.

265 — Rondelle en cuivre doré représentant Actéon.

266 — Tête de nègre en terre cuite.

267 — Bas-relief en argent repoussé, Maximilien

d'Autriche, à cheval, dans un cadre en bois noir garni de trophées et de cartouches en argent découpé.

268 — Serrure de coffret en fer gravé du xvıᵉ siècle, ornée de quatre fleurs de lis découpées.

269 — Croix processionnelle en bronze du xvıᵉ siècle, avec Christ rapporté, ornée aux extrémités de bustes d'évangélistes en haut-relief dans des quadrilobes, revers offrant des ornements gravés en relief.

270 — Trois plaques circulaires en étain : Le Jugement de Salomon, le Passage d'un pont par une armée et un Combat de cavaliers. xvıᵉ siècle.

271 — Plateau rond en étain offrant au marli divers portraits équestres et au centre la figure de Ferdinand II d'Allemagne.

272 — Plaque ronde en cuivre rouge repoussé représentant un blason armorié du xvıᵉ siècle.

273 — Deux pièces : Médaillon ovale en bronze, portrait d'un personnage cuirassé, de profil à droite ; un médaillou rond en étain à écusson fleurdelisé.

274 — Médaillon rond offrant un buste d'homme du temps de Louis XIV, revêtu de la cuirasse, fine-

ment exécuté en cire peinte. Cadre en bois sculpté
et doré.

275 — Petit bas-relief en buis sculpté portant la date
de 1532 et représentant un valet de vénerie.

276 — Petite peinture à l'huile, portrait en pied de
Marie Stuart, Reyne de France.

277 — Deux petits cadres de miroirs de forme monumentale en bois peint, rehaussé d'ornements
dorés et garnis de colonnettes d'albâtre teintée et
de plaquettes de marbre. L'un renferme un portrait de femme, l'autre un portrait de jeune homme
du xv⁰ siècle.

ESCALIER

278 — Marbre blanc. — Statue de Vénus Callipyge,
grandeur deux tiers de nature. Fût en marbre
rouge.

279 — Buste de Madame Elisabeth, grandeur nature.
Biscuit de Sèvres, d'après Houdon.

280 — Petite colonne en marbre, fleur de pêcher
cannelée, avec chapiteau et tore de lauriers en
bronze doré, base en marbre griotte.

281 -- Grande et belle tapisserie des Gobelins représentant la bataille d'Arbelles, d'après Ch. Lebrun; elle est encadrée d'une très belle bordure à guirlandes de fleurs et de fruits et à torsades de feuillages. On lit dans un cartouche à la partie inférieure : *La vertu est digne de l'empire du monde.*

Haut. 3 m. 5o. Larg. 5 m. 5o. environ.

PALIER DU PREMIER ÉTAGE

ET COULOIR EN RETOUR

282 — Table console Louis XVI, en bois sculpté, à rinceaux de feuillages, les pieds sont reliés par un entre-jambe en X supportant un vase. Dessus de marbre.

283 — Terre cuite. — Buste de Boucher âgé, époque Louis XVI.

284 — Gravure de C. Vermeulen, portrait de Philippe V, roi d'Espagne, bordure Louis XIV.

285 — Commode Louis XV de forme contournée, en bois de rose, à trois rangs de tiroirs, garni de bronze et à dessus de marbre.

286 — Groupe en plâtre bronzé, Faust et Marguerite, par Théodore Hébert.

287 — Deux vases en porcelaine moderne de l'Inde.

288 — Belle glace Louis XIV à fronton et bordure à entre-deux de glace, en bois sculpté ajouré et doré.

289 — Baromètre et thermomètre du temps de Loui XVI, en bois sculpté et doré, en forme de cartels entourés de branches de laurier et retenus par des rubans, cadrans portant le nom de *Callanio*.

290 — Tenture du palier en ancienne tapisserie de Flandre, à verdure avec bordure de fleurs.

291 — Très belle tapisserie des Gobelins du temps de Louis XIV, représentant trois bergers et leur troupeau effrayés par l'approche d'un loup. Elle est entourée sur trois côtés d'une magnifique bordure composée de rinceaux et de guirlandes de fleurs entremêlés d'oiseaux, d'animaux et d'attributs. Conservation remarquable.

Haut. 3 m. 3o. Larg. 3.2o.

292 — Porte-manteau en chêne sculpté.

293 — Trois potiches en faïence hollandaise.

294 — Petit miroir vénitien avec ornements estampés rapportés.

295 — Gravure. — Lecture espagnole, par Beauvarlet d'après Van Loo.

296 — Gravure. — Repos de chasse par Moitte, d'après Bénard.

297 — Gravure. — Le marché aux herbes d'Amsterdam, gravé par David, d'après Metzu.

298 — Fac-similé de dessin dans un encadrement doré, buste de femme.

299 — Gravures. — *Cérémonie de l'inauguration de Louis le Bien-Aimé à Reims, et feu d'artifice tiré sur la place de la Couture, etc.*, par Varin frères, d'après Van Blarenberghe.

300 — Gravure. — Le retour du laboureur, par Ingouf, d'après Benazech.

301 — Gravures. — *Comptez sur mes serments. Au moins soyez discret.* Deux pièces.

GRANDE CHAMBRE A COUCHER

302 — Secrétaire du temps de Louis XV en bois rose et palissandre. L'abattant est orné d'une figure de guerrier en marqueterie de bois et d'ivoire, et tout

le meuble est décoré de fleurs et de feuillage en marqueterie de bois. Dessus en marbre brèche d'Alep.

3o3 — Petit meuble d'enfant, commode en chêne à dessus de marbre ; époque Louis XIV.

3o4 — Paire de très petits flambeaux en bronze ciselé et doré, à ornements de rocaille et tige de laurier ; style Louis XV.

3o5 — Grande et belle armoire de l'époque Louis XV, en bois de noyer sculpté, et à portes pleines: Elle est couronnée par une corniche à oves.

3o6 — Deux fauteuils en noyer sculpté de l'époque Louis XIV, siège et dossier foncés de canne.

3o7 — Deux chaises anciennes en noyer à pieds et traverses tournés, recouverts en cuir gaufré et doré, de fabrication moderne.

3o8 — Deux autres, analogues.

3o9 — Deux petites glaces étroites, encadrements Louis XV, en bois sculpté et doré.

31o — Grand lampadaire en cuivre repoussé et argenté et richement ornementé, époque Louis XIV.

311 — Deux très belles garnitures de fenêtres comprenant quatre rideaux d'environ 3ᵐ 80 c. de haut, composés de très belles bordures en tapisserie de Bruxelles du temps de Louis XIV, représentant des attributs guerriers entremêlés de fleurs, bordés de peluche verte ; et deux lambrequins également en tapisserie ancienne représentant des guirlandes de fleurs.

Les tapisseries de ces rideaux sont repliées. Elles portent la signature de Leefdael et le monogramme de la fabrique de Bruxelles.

312 — Grand et beau lit de milieu en noyer sculpté avec chevet à fronton. Il est orné de quatre colonnes du temps de Louis XIII, composées de figures superposées et sculptées en haut-relief et en ronde bosse, d'un beau travail. Le ciel de lit est garni d'une pente en velours grenat avec soutaches et franges de soie à grille.

313 — Couvre-lit ancien en guipure et filet avec riche encadrement et large dent en guipure. Beau travail italien.

314 — Deux carrés, pour coussins, en ancienne tapisserie : l'un représente un mouton, l'autre une tortue dans des médaillons encadrés d'une large bordure de fleurs sur ton jaune.

315 — Jolie commode de l'époque Louis XV, de forme contournée et en marqueterie de bois à rinceaux feuillagés au milieu de motifs d'encadrements. Elle est garnie de chutes, poignées, entrées et sabots en bronze ciselé et doré. Dessus en brèche d'Alep.

316 — Cabinet italien en ébène et ivoire gravé. L'abattant est orné extérieurement de deux figures mythologiques et de bordures à rinceaux. Les plaquettes des tiroirs représentent des sujets de chasse.

317-318 — Deux meubles formant armoires, en bois de chêne sculpté, à colonnes torses détachées, supportant une corniche à frise sculptée en bas-relief. Les portes présentent des figures allégoriques des Saisons.

319 — Table en noyer sculpté, style Henri II, dessus à rallonges.

320 — Tapis de table en ancien velours de Gênes grenat, à parterre bordé de franges anciennes.

321 — Grand tapis en soie brochée du xviiie siècle, à fleurs et ornements sur fond rosé. Il est bordé d'un galon d'argent.

322 — Deux flambeaux Louis XV.

3-3 — Deux flambeaux Louis XIV, en argent, portant un écusson gravé.

3-4 — Miroir. — Beau cadre en noyer sculpté, d'une jolie ornementation , rubans enroulés , perles, feuilles d'eaux, etc.

3-5 — Très grand Christ en ivoire sculpté, travail remarquable de l'époque Louis XIV.

La croix est appliquée sur un panneau d'étoffe, placé dans un cadre à feuilles de chêne, en bois sculpté.

Il provient de la vente Couvreur.

326 — Bergère Louis XV à accoudoirs et oreillettes, avec son tabouret-rallonge formant lit de repos, et pieds en bois doré. Les deux sièges sont recouverts en soie ancienne, brochée à dessins blancs sur fond pointillé bleu.

327 — Pendule religieuse en ébène avec couronnement en cuivre ajouré. Cadran au nom de *Simon Van Leuven, à Amsterdam*.

328 — Deux candélabres Louis XVI, enfants dansant, en bronze vert, placés sur des fûts cannelés en bronze doré et supportant des cornes d'abondance d'où s'échappent des bouquets à trois branches porte-lumières.

329 — Deux statuettes d'anges, bronze du xvi⁰ siècle, portant des traces de dorure.

330 — Groupe en argent, Vénus et l'Amour, xvii⁰ siècle.

331 — Deux petites jardinières carrées en faïence de Strasbourg.

332 — Miniature sur ivoire. — Portrait de jeune femme en costume Louis XV, cheveux poudrés, avec perles et aigrette, corsage bleu décolleté.

333 — Glace avec encadrement en bois sculpté et doré en partie. Fronton à mascaron, côtés à cariatides.

334 — Deux chenets de style Louis XIII en bronze vert, modèle à boules fleurdelisées.

335 — Ecran de foyer en cuivre doré de style Louis XIV, à feuille en treillage métallique, orné d'une figurine d'Hercule en bas-relief.

336 — Bois sculpté. — Coffret plat orné sur le couvercle d'armoiries et de chiffres surmontés de couronnes et sur le pourtour d'une frise de fleurs et de rinceaux. Travail lorrain (Bagard de Nancy).

337 — Bois sculpté. — Deux boîtes rondes de même travail, couvercle orné d'un chiffre surmonté d'une couronne.

338 — Bois sculpté. — Coffret de même travail. Sur le couvercle a été adaptée une plaquette en bronze doré du xvi⁰ siècle, représentant le Triomphe de la Religion.

339 — Bénitier, du temps de Louis XIV, en argent. La Vierge, soutenant le corps du Christ, est assise dans une niche pratiquée au milieu d'un motif d'architecture.

340 — Encrier en ancienne faïence italienne, émaillée bleu et jaune, de forme octogonale à chiffres en relief et mascarons, la base est circulaire.

341 — Terre cuite. — Deux statuettes de femmes drapées tenant des cornes d'abondance, style de Coustou.

342 — Faïence italienne. — Deux cornets, médaillons à portraits et fleurs sur fond bleu.

343 — Terre blanche de Sarreguemines. — Deux petits vases forme Médicis à ornements en relief.

344 — Petite vitrine étroite du temps de Louis XIV en bois sculpté, à deux portes vitrées.

345 — Lustre en fer forgé à six lumières avec une chaîne composée de sept maillons également en fer ouvragé.

346 — Faïence de Nove. Ecuelle à couvercle et plateau décorée de médaillons à paysages dans des ornements rocaille en relief.

347 — Ecuelle à deux anses à couvercle et un plateau ovale en ancienne porcelaine, pâte tendre, décor à fleurs et filets bleus rehaussés d'or.

348 — Sucrier à couvercle et un plateau ovale en ancienne porcelaine de Louisbourg, décor à fleurs et bordure gaufrée.

349 — Petit pot à eau en ancienne porcelaine de Sèvres, pâte tendre, modèle feuille de choux, décor à fleurs.

350 — Tasse droite et sa soucoupe en ancienne porcelaine de Sèvres, pâte tendre, décorée d'un semis de roses, bordure gros bleu rehaussée d'ornements rocaille en dorure.

351 — Ecuelle à deux anses formées de branchages et couvercle surmonté d'un œillet en relief en ancienne porcelaine de Saxe, décorée de sujets peints dans le goût de Téniers.

352 — Petite assiette en faïence italienne de l'époque Louis XVI, décorée de fleurs, de rubans roses et d'ornements en dorure.

353 — Diverses petites pièces en faïence et porcelaine.

354 — Tableau. — La Vierge et l'Enfant Jésus, peinture sur fond doré, attribuée à Filippo Lippi.
Cadre de style gothique en chêne sculpté.

355 — Gravures. — Deux portraits d'après Nanteuil.
dans des cadres sculptés.

357 — Gravures. — Deux portraits : Philippe d'Orléans, par Chéreau, et le Président Henault, d'après
Cochin.

358 — Gravure. — Guillaume de Vintimille, arche-
vêque de Paris, par Drevet, d'après Rigaud; cadre
sculpté.

359 — Gravure. — Armand-Jules, prince de Rohan,
d'après Rigaud. Cadre sculpté.

360 — Gravure. — « Le Couché de la Mariée », pa
Moreau, d'après Baudoin.

361 — Gravure. — « Le Lever de la Mariée », d'après
Dugour.

362 — Gravure. — « Annette et Lubin », par Ponce,
d'après Baudoin.

363-365 — Trois gravures. — Le maréchal de Luxembourg, une pièce d'après Boucher, un portrait en couleur de Janinet.

366 — Aquarelle. — Jeune fille et enfants, les vêtements en étoffe aquarellée, les sièges en mosaïque de paille. Époque Louis XV.

367 — Dessin. — Jeune fille rattachant sa jarretière, Sanguine, attribuée à Trinquesse.

368 — Tableau — par François Franck le Vieux. Bal de seigneurs et dames en costumes Louis XIII dans une galerie ayant vue sur une place publique. Cadre sculpté.

GRAND CABINET DE TOILETTE

369 — Pendule Louis XVI avec façade en bronze doré, composée de deux figurines d'enfants qui supportent le monument.

370 — Table toilette Louis XVI en bois d'acajou garnie de filets de cuivre.

SECONDE CHAMBRE
A COUCHER

371 — Meuble d'encoignure du XVIIIe siècle à façade cintrée décorée de sujets Watteau sur fond noir,

de frises, d'encadrements et de divers attributs.
Dessus en marbre.

372 — Pendule Louis XVI en bronze ciselé et doré.
Le cadran fait saillie sur un fût cannelé, et surmonté d'un coq chantant ; à côté est assis un
enfant qui, le doigt sur la bouche, semble recom-
mander le silence.

373 — Deux petits vases en terre anglaise. Modèle
Louis XVI à mascarons, médaillons et guirlandes
en relief et doré sur fond pointillé de brun.

374 — Paire de flambeaux en bronze doré, modèle
à feuillages et cannelures en spirale, de style
Louis XV.

375 — Deux chenets en bronze de style Louis XVI.
modèle à pommes de pin et lions couchés, en
regard, sur des tapis drapés.

376 — Couvre-lit en satin de la Chine, brodé en soie
de couleurs, à sujets champêtres, oiseaux, fleurs
et arbustes sur fond bleu de ciel.

377 — Commode de l'époque Louis XIV en bois de
placage de diverses nuances avec entrées de serrure
et poignées en cuivre. Dessus en marbre griotte.

378 — Glace Louis XVI à encadrement sculpté et fronton composé d'un vase et de guirlandes.

379 — Cabaret en porcelaine de saxe, médaillons à paysages, bordures à imbrications violettes.

380 — Gravure. — La Vertu sous la garde de la Fidélité, par Le Beau d'après EISEN.

381 — Gravure. — La fille mal gardée, par Choffard d'après BAUDOIN.

382 — Gravure en couleur. — L'Optique, par Casenave d'après BOILLY.

383 — Gravure. — L'Amour maternel, par Chevillet d'après PETERS.

384 — Pièce en couleurs, par DEBUCOURT. — Les caresses maternelles.

385 — Tableau. — Odalisque au repos, par EUGÈNE DELACROIX.

386 — Tableau. — La Résurrection du Christ, peinture attribuée à CH. LEBRUN, placée dans un cadre en noyer sculpté à fleurettes et rinceaux; et de travail lorrain. — Époque Louis XIV. .

387 — Bénitier en bois sculpté dans le style de Bagard de Nancy, ornements Louis XIV, feuillages
et fleurs.

388 — Gravure, par Avril d'après Mme Lebrun,
femme et enfant.

PETIT SALON ROTONDE

389 — Jolie pendule du temps de Louis XVI représentant les trois Grâces. Le cadran, surmonté d'une
figurine d'amour jouant avec une colombe et de
guirlandes de roses, est placé sur une cassolette
en marbre garnie d'appliques en bronze doré à
trépieds et rinceaux supportée elle-même par une
colonne cannelée en marbre bleu turquin ; au-
tour de cette colonne sont placées les trois statuettes des Grâces en bronze doré, reliées par des
guirlandes de fleurs. Elles sont debout sur une
base circulaire en marbre blanc et bleu turquin
garnie de perles et d'ornements en cuivre ajouré.

390 — Deux girandoles de style Louis XVI à trois
lumières en bronze doré, modèle à tige cannelée
à guirlandes de fleurs et médaillons.

391 — Dessus de cheminée en ancien velours à dessins de plusieurs tons bordé d'une frange.

392 — Galerie de foyer Louis XVI en fer, ornée d'une frise d'entrelacs découpés, de rosaces et de boules en bronze doré.

393 — Joli écran en bois sculpté et doré, élégant modèle Louis XVI à colonnettes cannelées sur les côtés et corbeilles de fleurs et fruits sur la traverse supérieure.

La feuille est en satin crème brodé en soie de couleurs du temps de Louis XVI et offre au centre un bouquet dans une coupe et pour bordure des festons de fleurs et des rubans.

394 — Canapé Louis XVI en bois sculpté laqué blanc, à dossier arrondi sur les côtés, surmonté d'un nœud de rubans. Il est garni de soie ancienne brochée à fleurs et rubans sur fond violet.

395 — Deux jolies petites consoles-étagères en acajou de forme demi-lune, à pieds contournés, tablettes, et dessus en marbre des Pyrénées. Le fond du meuble et les frises des tiroirs sont en laque aventuriné. Elles sont ornées de bronzes ciselés et dorés, guirlandes de lauriers, avec rangs de perles, chutes et ornements.

396 — Charmante petite table à ouvrage de forme

Louis XV, dite table du Dauphin, carrée à contours en placage de bois de rose et marquetterie ; elle est garnie de chutes et de sabots en bronze ciselé et doré et d'un dessus de marbre brèche fleurie.

397 — Marquise de style Louis XVI en bois sculpté et doré à feuilles d'acanthe, piastres et autres ornements. Elle est garnie en soie de l'époque, brochée à quadrillages de fleurs.

398 — Deux petites chaises de style Louis XVI en acajou, à pieds cannelés et rehaussés d'ornements sculptés et dorés ; elles sont garnies de soie brochée à fleurs en rose sur fond orange.

399 — Tabouret de pieds en bois sculpté garni de soie ancienne.

400 — Belle garniture de croisée composée de deux rideaux avec lambrequin drapé en soie ancienne bleu clair avec bandes de même nuance brochées or et argent. Deux rideaux transparents en soie paille, bordés de franges, embrasses câblés, glands, etc., assortis.

401 — Guéridon Louis XVI en bronze ciselé et doré avec dessus de marbre.

402 — Porcelaine de Berlin : deux figurines. Musiciens orientaux debout.

403 — Chaise à porteur en porcelaine de Saxe avec les deux figurines de porteurs.

404 — Deux figurines Arlequin et Colombine, en faïence allemande.

405 — Flacon à thé en porcelaine de Saxe à figures Watteau.

406 — Une tasse à couvercle et plateau de forme octogonale.

407 — Deux figurines en saxe moderne, les Petits fleuristes.

408 — Petite coupe en agate rose mamelonnée.

409 — Boîte à mouches en émail de Saxe.

410 — Deux tasses et deux plateaux en émail de la Chine.

411 — Bois sculpté. — Deux flacons forme gourde ornés chacun de trois figures de paysans sculptés en ronde bosse.

412 — Boîte ronde plate en écaille sculptée, travail chinois.

413 — Petite cassolette Louis XVI à trépied et têtes de boucs en bronze doré.

414 — Petit nécessaire de dame en cuivre gravé et
doré. Époque Louis XIV.

415 — Ciseaux à raisins en forme de héron, argent
doré.

416 — Boîte ovale en cuivre doré. Époque Louis XVI.

417 — Terre cuite. — Buste de petite fille coiffée d'un
bonnet époque Louis XVI, socle en peluche.

418 — Deux bouts de table à deux lumières en bronze
doré, héron sur une tortue.

419 — Cachet en ivoire à figures et animaux, en bas-re
lief et surmonté d'une grenouille.

420 — Feuille d'éventail représentant une danse d'a-
mours se jouant sur un nuage avec des guirlandes
de fleurs. Aquarelle signée MARIE BONHEUR.—Cadre
à ornements Louis XIV en bois sculpté à coquille
et doré en partie, appliqué sur un fond d'étoffe.

421 — Feuille d'éventail à l'aquarelle, signée ABEL DE
PUJOL, la Danse des heures, cadre semblable au
précèdent.

422 — Gouache ancienne, représentant un paysage
avec muletiers au bord d'une rivière, cadre Louis
XIV en bois sculpté et doré.

423 — Tableau. — Portrait de jeune femme en robe de mousseline blanche, représentée debout dans un parc et tenant un bouquet de fleurs ; à droite est une statue de Cupidon dont le piédestal porte la signature de l'auteur. PÉRIN *pinxit*, Paris, 1776. Joli cadre Louis XVI en bois sculpté et doré à oves, perles, festons de lauriers, etc.

424 — Tableau. — Le Duo, peinture signée CH. VAN BEVEREN *fecit* 1829, cadre ; en acajou avec moulure en bronze ciselé et doré.

425 — Tableau. — Groupe de trois amours planant dans les nues, peinture attribuée à Boucher, joli cadre en bois de chêne finement sculpté.

426 — Gravures. — Deux pièces en couleurs, d'après Taunay, la Noce et la Foire de village.

427 — Tableau. — Portrait d'une danseuse de l'époque Louis XVI, représentée en pied, dans un parc dans l'attitude de la danse, vêtue d'une robe de mousseline blanche et coiffée d'un chapeau rose ; cadre Louis XVI en bois sculpté et doré, surmonté d'un cartel à nœud de ruban et de deux branchages.

428 — Tableau. — Deux personnages, homme et femme, à mi-corps en costumes Louis XIII, peinture attribuée à C. de Vos, dans un cadre ancien à feuilles de chêne en bois sculpté et doré.

CHAMBRE D'AMI

429 — Petite table Louis XVI de forme carrée en placage de bois de rose et de palissandre ; le dessus est orné d'un médaillon représentant un paysage exécuté en marqueterie ; le tiroir forme pupitre.

430 — Petite commode Louis XV à deux tiroirs, sur pieds élevés contournés en marqueterie de bois de rose à damier, filets et rosaces ; elle est garnie de chutes et d'ornements en bronze doré, dessus de de marbre.

431 — Petite commode d'enfant à trois tiroirs en marqueterie de bois, de travail hollandais.

432 — Chaise de style Louis XVI en bois sculpté, rehaussé de dorure ; le dossier est formé d'une lyre le siège est garni de soie ancienne à raies vertes.

433 — Pendule Louis XVI en marbre blanc, flanquée de deux colonnettes et surmontée de trois petits vases ; elle est garnie de rinceaux de rangs de perles et d'ornements en bronze doré.

434 — Deux petits flambeaux Louis XVI, un à tige et base en marbre blanc, avec garniture en bronze doré.

435 — Carpette en velours vénitien à fleurs.

436 — Deux garnitures de fenêtres avec lambrequin
et une tenture de lit à petit baldaquin, style
Louis XVI; un damas de soie rouge avec garnitures de franges et passementeries de soie.

437 — Couvre-lit portugais en soie crème, entièrement couvert de fleurettes et de fruits brodés au
plumetis en soie rouge et bleue.

438 —Deux petites miniatures sur ivoire dans des petits cadres ovales en bois sculpté, de l'époque
Louis XVI. Portrait d'homme en habit bleu, et
portrait de jeune fille en corsage vert.

439 — Miniature carrée sur ivoire, jeune femme en
robe rose Louis XV et coiffée d'un chapeau de
paille, vue à mi-copps dans un paysage et tenant
des fleurs dans son tablier.

440 — Miniature ovale sur ivoire. Portrait d'une ac-
trice italienne en corsage rouge brodé d'or. Elle
retient une draperie bleue de la main gauche.

441 — Miniature ronde sur ivoire, signée *G. B. Cal-
liano*, buste de guerrier romain. Cadre en Strass.

442 — Miniature ovale, pendant de la précédente, cadre estampé.

443 — Deux grandes miniatures ovales sur ivoire, signées *Monsiau*, 1823. Portraits de jeunes filles en corsages verts.

444 — Miniature ovale sur ivoire, du temps de Louis XVI. Portrait de femme en robe bleue coiffée d'un chapeau de paille, représentée assise sur une chaise et accoudée sur une table. Cadre en bois sculpté.

445 — Miniature ronde sur ivoire. Portrait de femme assise sur un canapé, coiffée d'un large chapeau de paille à plumes.

446 — Petite aquarelle gouachée par R. de Moraine : Portrait du roi Louis XVIII assis dans son cabinet. Sujet placé entre deux paysages.

447 — Miniature ronde sur ivoire par Morin. Portrait de femme du temps de l'Empire, en robe de mousseline blanche décolletée.

448 — Petite peinture sur cuivre : Pilate. Cadre en bronze doré.

449 — Gravure de P. Van Schuppen d'après Mignard : Portrait de Bernard de Foix de la Valette, duc d'Epernon. Cadre Louis XVI en bois sculpté et doré.

450 — Dessin, signé *C. Vellion*, 1788. Portrait d'une jeune femme debout dans un parc et tenant une corbeille de fleurs, deux crayons. Bordure Louis XIV, bois sculpté et doré.

451 — Gravure de N. Dupuis d'après Toqué. Portrait de Messire Charles-François-Paul Lenormant de Tournehem. Bordure Louis XIII, en bois sculpté et doré.

452 — Gravure de N. Dupuis d'après Colson : L'Action.

453 — Gravure de Nanteuil. Portrait de Philippe, fils de France, duc d'Orléans, frère unique du Roy Louis quatorzième. avec privilège. Cadre Louis XVI en bois sculpté et doré.

www.ingramcontent.com/pod-product-compliance
Ingram Content Group UK Ltd.
Pitfield, Milton Keynes, MK11 3LW, UK
UKHW031806170726
13836UKWH00003B/1216